THÈSE
Pour la Licence,

SOUTENUE

par M. TOURNAMILLE (ALBERT),

né à Toulouse (Haute-Garonne).

DROIT ROMAIN. — *De la Tradition.*

CODE NAPOLÉON. — *Du Mariage* (art. 180-228).

PROCÉDURE CIVILE. — *De la requête civile.*

DROIT CRIMINEL. — *Du meurtre.*

TOULOUSE,
IMPRIMERIE DE BELLEGARRIGUE,
RUE DES FILATIERS, 40.

A MES PARENTS.

A MES AMIS.

JUS ROMANUM.

DE TRADITIONE.

Inst. , lib. II , tit. 1 , § 40 et seq. — Pand., lib. XLI , tit. I , de adq. rer. dom. — Ulp. , fragm. , tit. XIX. — Gaius , Comm. II , § 66, Junge 41 et seq.

Circà traditionem nobis est dispisciendum :
1° De naturâ traditionis et de modis quibus efficitur ;
2º De dominii per traditionem translatione.

SECTIO I. — *De naturâ traditionis et de modis quibus efficitur.*

Traditio nihil est aliud quàm possessionis rei in aliquem facta translatio (1).

___

(1) Poth. Pand., lib. XLI , tit. I.

Diversis autem traditio modis intervenit :

I. Res enim immobilis , putà fundus, traditus mihi intelligitur , hoc ipso quod voluntate tradentis eum ingrediar. Rerum verò mobilium tradendarum vulgatissimus modus est quum de manu in manum transferuntur.

II. Pecuniam quam mihi debes , aut aliam rem , si in conspectu meo ponere te jubeam, efficitur ut et tu statim libereris et mea esse incipiat. Nam tum quod à nullo corporaliter ejus rei possessio detineretur , adquisita mihi et quodam modo manu longâ, id est oculis et affectu , tradita existimanda est (1).

III. Si quis merces in horreo repositas vendiderit , simul atque claves horrei tradiderit emptori , mercium traditio fit, quæ symbolica à veteribus dicebatur ; sed verum esse non symbolicum hunc traditionis modum recentiores jurisconsulti putant, quia necesse erat apud horrea tradere cleves (2), et sic emptor verè mercium possessionem adipiscebatur.

IV. Quædam olim accipiebatur traditio brevis manûs quum res cujus dominium ad aliquem transferre ex certâ causâ volo , apud ipsum est quia eam illi, *v. gr.* locavi aut commodavi; hic quidem non intervenit corporalis traditio ; vera tamen possessionis et per hanc dominii translatio efficitur, ad hoc sufficiente domini voluntate, quum accipiens rem jam detineat (3).

Traditionem autem brevis manûs intelligimus quum quis debitor meus , rem jussu meo alicui meo nomine tradit , quia hæc traditio brevi compendio duas traditiones , quarum una occultatur, in unam conjungit (4). Perindè est enim ac si rem mihi tradidisset , quam ipse posteà ei cui tradita est , tradidissem. Inde sequitur quod si

(1) L. 79 , ff. de solutionibus.
(2) L. 74 , ff. de contrah. empt.
(3) V. Inst. de div. rer. , § 44.
(4) L. 1 , § 12 et 13, ff. de don., int. vir. et ux.

Sempronio pecuniam mutuodare voluerim, eâ ipsi à debitore meo tradítâ, creditor verè videbor et mihi condictio certi competet (1).

V. Traditionis etiam species est quum is qui rem alicui tradere vult, hanc illius nomine se possidere constituit, *v. gr.* usumfructuum retinendo simpliciter. Hoc enim ipso quod sibi usumfructum retinet, jam rem tanquam alienam tenet.

SECTIO II. — *De dominii per traditionem translatione.*

I. Traditio est modus adquirendi dominium ; quæ traditione nostræ fiunt jure gentium nobis adquiruntur; nihil enim tam conveniens est naturali æquitati, quam voluntatem domini volentis rem suam in alium transferre, ratam haberi (2). Legimus autem quoque in Codice : traditionibus (et usucapionibus), non nudis pactis, dominia rerum transferuntur (3).

II. Ut per traditionem dominium transferatur, generaliter requiritur :

1° Ut qui rem tradit, jus hujus alienandæ habeat ; quòd jus regulariter solus rei dominus habet. Interdum tamen qui dominus non est alienandæ rei jus obtinet. Talis est creditor pignoratitius ; nam pignus vendendo causam dominii præstat, quam ipse non habuit (4). Contrà qui dominus est aliquandò alienare non potest ; ità pupillus, maritus ergà fundum dotalem.

Nihil autem interest utrum ipse dominus tradat alicui rem, an voluntate ejus alius (5) ;

(1) L. 15, ff. de reb. cred.
(2) Inst. de div. rer., § 40.
(3) L. 20, Cod. de Pactis.
(4) L. 46, ff. de adq. rer. dom,
(5) Inst. de div. rer.. § 42.

2° Ut interveniat mutuus tradentis et accipientis consensus ; hic autem consensus versari debet :

a) Circà rem cujus dominium transfertur ;

b) Circà personam ad quam transfertur ;

c) Circà voluntatem transferendi et adipiscendi.

Sed consensus non requiritur circà causam ex quâ res traditur (1).

3° Ut res ex justâ causâ tradatur, putâ ex venditione, donatione, vel aliâ causâ quæ mentem transferendi dominii continet.

4° Ut is ad quem dominium transferatur sit capax accipiendi. Requiritur quoque generaliter ut iste certus sit. Interdum tamen et in incertam personam collata voluntas domini transfert rei proprietatem : ut ecce, prætores et consules qui missilia jactant in vulgus, ignorant quid eorum quisque sit excepturus, et tamen quia volunt quod quisque exceperit ejus esse, statim eum dominum efficiunt (2). Sed verius est dicere hoc occupatione fieri.

5° In traditione quæ fit ex causâ venditionis, requiritur ut pretium solutum sit, nisi venditor fidem emptoris sequutus sit, non aliter enim venditæ res et traditæ emptori adquiruntur (3).

III. Non ut res corporales, ità res incorporales per traditionem adquirimus. Manifestum est enim incorporales res traditionem non recipere (4).

Est tamen quasi-traditio rerum incorporalium, putâ, dat usumfructum qui inducit in fundum et patitur utifrui (5). Hanc quasi-traditionem sic Vinnius designat : in his traditione fungitur patientia domini, et vice apprehensionis possessionisque fit usus cui dominus hujusmodi jus quæsitum vult (6).

---

(1) L. 36 , ff. de adq. rer. dom.
(2) Inst. de div. rer. , § 46.
(3) Inst. de div. rer. , § 41.
(4) Gaius , inst. comm. II, § 28.
(5) L. 3 , ad proem. ff. de usufructu.
(6) Vinnius , de § 40, tit. de div. rer.

IV. Quale dominium per traditionem transferatur.

1° De jure ante-Justinianeo. — Olim vigebat rerum mancipi et nec mancipi distinctio. Erant autem res mancipi quæ antiquitùs et vel ante tempus legis XII Tabularum (1) habebantur pretiosiores, ut videre est ex enumeratione ab Ulpiano factâ. Mancipi res sunt prædia in Italico solo, tam rustica qualis est fundus, quàm urbana qualis domus; item jura prædiorum rusticorum, velut via, iter, actus, aquæductus; item servi et quadrupedes qui dorso collove domántur, velut boves, muli, equi, asini. Ceteræ res nec mancipi sunt (2).

Res mancipi ex eo dictæ sunt quod proprius earum erat alienationis modus mancipatio. Dominium autem tam rerum mancipi quam nec mancipi adquirebatur usucapione, in jure cessione, adjudicatione, lege.

Traditio autem propria erat alienatio rerum nec mancipi (3), scilicet per traditionem dominium rerum nec mancipi adquiritur ex jure Quiritium.

Cùm autem res mancipi emptori tantum tradebatur, is nequaquàm ex jure Quiritium dominus fiebat. Olim quidem ex jure Quiritium unusquisque dominus erat aut nullomodo intelligebatur dominus; sed posteà, prætore juvante, dominium divisionem accepit ut alius possit esse ex jure Quiritium dominus, alius in bonis habere (4).

Venditor enim, re mancipi traditâ, non vero mancipatâ aut in jure cessâ, dominus ex jure Quiritium manebat. Sed prætor emptori dabat exceptionem rei venditæ et traditæ quâ actionem domini repellebat.

Imò prætor concessit publicianam in rem actionem quâ emptor, possessione rei amissâ, priusquam eam usu ceperit fingit se usucepisse et ità vindicat.

(1) Gaius, comm. II, § 47.
(2) Ulp., tit. XIX, § 1.
[3] Ulp., tit. XIX, § 7.
(4) Gaius, comm. II, § 40.

Qui ità vindicabat, adjuvante prætore , dicebatur rem in bonis habere, undè interpretes hoc dominium bonitarium appellant ; quod in dominium quiritarium mutari potest usucapionis beneficio (1).

2° De jure Justinianeo. — Ab imperatore Justiniano sublata est distinctio mancipi rerum et nec mancipi quæ jam in praxi inutilis erat (2). Ex tunc fuit unum genus dominii quod in omnes res absque ullâ distinctione per traditionem adquirebatur.

(1) V. Gaius comm. II , § 41.
(2) L. unic. cod. de nud. jur. Quir. toll.

CODE NAPOLÉON.

DU MARIAGE.

Livre I , Titre V.

(art. 180 à 228).

La matière que nous avons à traiter est complexe ; elle comprend la preuve du mariage , les nullités du mariage , les obligations auxquelles il donne naissance , les droits et devoirs respectifs des époux , la dissolution du mariage , et les seconds mariages. Nous diviserons notre question en cinq chapitres.

CHAPITRE I.

De la preuve de la célébration du mariage.

Le mariage est un acte qui intéresse trop vivement la société , confère des droits trop précieux, pour que le législateur n'en ait pas réglé la preuve d'une manière précise.

En général , le mariage se prouve par l'acte de célébration

inscrit sur les registres de l'état civil (art. 194.) mais la loi admet en outre, avec des règles spéciales, trois modes particuliers de preuve, à savoir : la preuve par les registres et papiers domestiques et par témoins (art. 46), la preuve résultant d'une procédure criminelle (art. 198 à 200); enfin la preuve résultant de la possession d'état d'enfants légitimes, non contredite par leur acte de naissance et jointe à la possession d'état d'époux de leurs père et mère décédés (art. 197). Ce dernier mode n'a été introduit qu'en faveur des enfants,

I. — *Preuve par l'acte de célébration inscrit sur les registres de l'état civil.* — En général, la preuve du mariage ne peut se faire que par la représentation d'un acte de célébration inscrit sur les registres de l'état civil (art. 194).

La possession d'état, c'est-à-dire la notoriété qui résulte d'un concours de circonstances suffisant pour établir l'état d'une personne et dont les principales se résument en ces mots : *nomen tractatus, fama* ; est sans doute, après un titre, ce qu'il y a de plus authentique. Mais elle ne saurait suppléer à l'acte de célébration (art. 195); en l'admettant comme suffisante on aurait favorisé le concubinage. L'art. 196 attribue cependant à la possession d'état l'effet de couvrir les nullités de forme, c'est-à-dire les irrégularites ou omissions que peut contenir l'acte de célébration ; mais il est presque impossible de comprendre le véritable sens de cet article puisque les irrégularités qui se présentent dans les actes de l'état civil n'en entraînent point la nullité.

II. — *Preuve par témoins, titres et papiers domestiques.* — Lorsqu'il n'a pas existé de registres de l'état civil, qu'ils ont été perdus ou mal tenus, la preuve du mariage peut être faite par titres et papiers domestiques, ainsi que par témoins (art. 46). Mais ce mode de preuve ne saurait être admis lorsque les registres ont été régulièrement tenus, sous prétexte que tel acte de mariage y a été omis.

III. — *Preuve résultant d'une procédure criminelle.* — Cependant, si l'officier de l'état civil ou toute autre personne avait soustrait ou falsifié frauduleusement un acte de mariage, la preuve du mariage résulterait du jugement prononcé contre l'auteur de ce crime ou délit (art. 198), sur la poursuite intentée, soit dans un intérêt particulier par les époux ou autres personnes intéressées, soit dans l'intérêt général par le ministère public (art. 199). L'inscription de ce jugement sur les registres de l'état civil assure au mariage tous ses effets, si toutefois il a été célébré valablement.

Si l'officier de l'état civil était décédé lors de la découverte de la fraude, l'action pourrait être dirigée au civil contre ses héritiers ; mais, dans la crainte d'une collusion entre le demandeur et le défendeur, à l'effet de procurer au premier la preuve d'un mariage qui peut-être n'a jamais existé, l'art. 200 porte que l'action ne pourra être intentée que par le ministère public en présence des parties intéressées et sur leur dénonciation. Cette crainte ne pouvait avoir lieu à l'égard de l'officier de l'état civil, puisque la collusion l'aurait mis dans la nécessité d'avouer un crime ou un délit pour lequel il eût été sévèrement puni.

IV. — *Preuve du mariage par la possession d'état d'enfants légitimes, non contredite par leur acte de naissance, et jointe à la possession d'état d'époux de leurs père et mère décédés.* — Nous avons vu qu'en principe la possession d'état ne peut suppléer à l'acte de célébration ; il en est autrement à l'égard des enfants des prétendus époux. Lorsque ceux-ci sont décédés, leurs enfants peuvent ignorer le lieu où le mariage a été célébré ; ils n'auraient donc pu se procurer que difficilement l'acte de mariage de leurs père et mère, et c'est pour cela que l'art. 197 établit en leur faveur un mode spécial de preuve.

On doit admettre sans difficulté que si l'époux survivant invoquait la nullité du mariage contre l'enfant, celui-ci serait admis à le prouver par la possession d'état ; car, il lui serait alors tout aussi difficile de se renseigner sur le mariage de ses père et mère que dans le cas du prédécès de l'un d'eux.

CHAPITRE II.

Des demandes en nullité de mariage.

Les effets des nullités du mariage sont modifiés par la bonne foi des époux, ce qui donne lieu à la théorie des mariages putatifs ; nous diviserons alors ce chapitre en deux sections.

SECTION I.

Des demandes en nullité de mariage.

Généralités. — Si l'on attaque comme nul un mariage dont la preuve est représentée, il faut en faire juger la nullité ; car le mariage n'est jamais nul de plein droit ; il y a toujours une apparence qu'il faut détruire. Aussi, est-ce à tort que l'on donne à certaines nullités, que nous appellerons nullités absolues, le nom de nullités *de droit*, nom qui peut faire supposer qu'elles ont lieu par la seule force de la loi, ce qui n'arrive jamais.

Le mariage *nul* est celui qui a paru se former et qui n'a cependant aucune existence légale ; cette nullité est *absolue*, en ce qu'elle peut être invoquée par toute personne intéressée ; *perpétuelle*, en ce qu'elle ne peut être couverte ni par le laps de temps ni par la volonté des parties.

Le mariage *annulable* est celui qui peut être annulé sur la demande de certaines personnes déterminées par la loi et qui peut devenir valable par un fait postérieur. Cette nullité est donc seulement *relative*. Elle est aussi *temporaire*, car il y a un délai fixé après lequel les personnes qui ont qualité pour la faire prononcer sont regardées comme ayant renoncé à leur droit, et il y a alors ratification tacite du mariage.

§ I. — *Nullités absolues et perpétuelles.*

I. *Quelles sont les causes des nullités absolues.* — Parmi les conditions prescrites pour contracter mariage , il en est dont l'objet principal est la morale et l'ordre public. L'inobservation de ces conditions donne lieu aux nullités absolues.

Les causes de nullités absolues sont les suivantes :

1° *Le défaut absolu de consentement* (art. 146).

2° *La bigamie.* — Le crime de bigamie porte une grave atteinte à la morale publique ; la nullité qui en résulte n'est pas même couverte après que le bigame est affranchi du premier engagement. Cependant la dissolution du premier mariage produit cet effet que les enfants qui naissent du second sont naturels simples au lieu d'être adultérins.

Lorsqu'un mariage est attaqué pour vice de bigamie , si la nullité du premier mariage est proposée , elle doit être préalablement jugée parce que , si le premier mariage était nul , il n'y aurait pas bigamie (art. 189).

3° *L'inceste* ou mariage entre parents et alliés au degré prohibé (art. 161 , 162, 163), — Des dispenses obtenues postérieurement d'après l'art. 164 ne pourraient valider le mariage.

4° *Le défaut de publicité et l'absence de l'officier compétent.* — La publicité du mariage résulte d'un ensemble de faits indiqués spécialement par les art. 63, 74, 165. Il appartient aux juges de décider si ces conditions de publicité ont été suffisamment remplies pour que le mariage ne soit pas entaché du vice de clandestinité. S'ils décident qu'il n'en est pas ainsi, le mariage est absolument nul (art. 191.) Quant à l'absence des publications qui constituent un des éléments de la publicité , elle donne seulement lieu à une amende contre l'officier de l'état-civil et les parties contractantes.

—On considère en général la compétence de l'officier public comme un élément de la publicité du mariage , de sorte qu'il appartient aux juges de décider si en dehors de cette compétence la publicité a été assez grande pour que le mariage ne soit pas annulé. Du reste il ne s'agit ici que de l'incompétence relative, car si le mariage avait été célébré par un officier public absolument incompétent, et à plus forte raison par un simple particulier, il est hors de doute que le mariage devrait être annulé, bien qu'on se fût d'ailleurs conformé à toutes les autres conditions de publicité.

II. *Quelles personnes peuvent invoquer les nullités absolues.* — Un principe fondamental en matière d'actions, c'est qu'elles sont la mesure de nos intérêts : ainsi quiconque n'a point d'intérêt à une chose ne peut être recevable à intenter une action pour la demander.

La nullité d'un mariage intéresse les époux eux-mêmes; elle peut intéresser aussi leurs parents, leurs créanciers et enfin le ministère public (art. 184).

1° *Les époux.* — La nullité peut être proposée même par l'époux qui a trompé l'autre en lui cachant l'empêchement qui a fait obstacle au mariage. La nullité d'un second mariage contracté par une personne encore engagée dans les liens du premier peut l'être par l'époux au préjudice duquel le second mariage a été contracté.

2° *Les parents.* — Parmi les parents il faut distinguer les ascendants, les collatéraux, et les enfants nés d'un autre mariage.

Les ascendants peuvent proposer les nullités ; ils ont ce droit dans l'ordre suivant lequel la loi les appelle à consentir au mariage, et cela alors même qu'ils ont donné ce consentement. Cependant ils ne seraient pas recevables à demander la nullité d'un mariage auquel ils auraient consenti pour défaut de puberté (arg. à contr. de l'art. 186). L'intérêt des ascendants est un intérêt purement moral et qui naît dès que le mariage est formé.

Il n'en est pas de même de l'intérêt des collatéraux et des enfants nés d'un autre mariage. Leur intérêt qui n'est en général qu'un droit de succession n'est pas né et actuel. Aussi les uns et les autres ne peuvent-ils proposer les nullités du vivant des époux (art. 187). Cependant ils seraient admis à le faire si les circonstances étaient telles que leur intérêt pécuniaire fût né et actuel même du vivant des époux.

3° *Les créanciers des époux.* — On admet en général, conformément à l'art. 184, que toute personne intéressée à la nullité du mariage peut la demander et qu'ainsi les créanciers sont recevables. L'art. 187, en effet, qui semble exiger que l'intérêt consiste en un droit de succession, signifie seulement que lorsque l'intérêt à la nullité du mariage consiste en un droit de succession, il faut pour agir que ce droit soit ouvert par le décès de l'époux du chef duquel on agit, car un droit de succession non ouvert ne constitue pas un intérêt né et actuel.

4° *Le ministère public.* — Enfin, le ministère public, investi d'une haute surveillance morale sur la société, doit signaler à la justice les unions scandaleuses. Cependant son obligation n'existe pas pour les nullités de forme, telles que le défaut de publicité et l'absence de l'officier compétent : dans ces cas il lui reste la faculté d'agir, et il ne doit en user qu'avec la plus grande prudence. Son action cesse toujours par la mort de l'un des conjoints.

III. — Il existe une cause de nullité que nous avons réservée pour la fin de ce paragraphe, parce qu'elle est d'une nature mixte, et régie par des règles spéciales. C'est celle qui résulte de *l'impuberté* (art. 144). Cette cause de nullité est absolue, car elle peut être proposée en général par toute personne intéressée, à savoir, par les époux, par le ministère public, par tous ceux qui y ont un intérêt né et actuel, sous la seule exception des ascendants qui auraient consenti au mariage (art. 186), afin qu'après s'être joués des lois, ils ne puissent se jouer de la foi du mariage. Sous ce rapport, on voit que cette nullité est moins absolue que celle qui résulte de l'inceste, de la bigamie, ou de la clandestinité.

Mais cette cause de nullité n'est que temporaire, car elle est couverte *ergà omnes* dans les deux cas suivants :

1° Lorsqu'il s'est écoulé six mois depuis que l'époux ou les les époux impubères ont atteint l'âge de puberté (art. 185, 1°). Le silence gardé par ceux qui auraient pu attaquer le mariage pendant six mois depuis que la cause de nullité a cessé d'exister, est une ratification tacite;

2° Lorsque la femme, qui n'avait point l'âge requis, a conçu avant l'échéance des six mois (art. 185, 2°) depuis sa puberté acquise. Sa grossesse fait tomber la présomption légale de son impuberté ; mais la grossesse de la femme n'effacerait pas la nullité résultant de l'impuberté du mari, car ce serait fournir à la femme les moyens de maintenir par un crime un mariage illégal.

§ II — *Nullités relatives et temporaires.*

Les nullités de cette espèce sont fondées sur des motifs d'ordre tout à fait privé; elles n'intéressent qu'un petit nombre de personnes. Ce sont ces personnes seulement qui pourront les invoquer ; elles sont au nombre de deux, et ont pour fondement : 1° le vice de consentement de l'une ou de l'autre des parties ; 2° l'absence du consentement des parents dans les cas où il est requis.

I. *Nullité résultant d'un vice du consentement de l'une ou l'autre des parties.* — Il ne s'agit pas ici de l'absence absolue de consentement, car alors le mariage est nul d'une nullité absolue (art. 146), mais d'un consentement imparfait, vicié.

Lorsque le mariage a été contracté sans le consentement libre et éclairé de l'un ou l'autre des époux, la nullité n'est proposable que par celui d'entre eux qui a souffert la violence ou qui a été induit en erreur (art. 180), parce que nul autre que lui ne peut être juge de son erreur ou de sa contrainte.

Cette action n'est plus recevable lorsqu'il y a eu cohabitation continuée pendant six mois depuis la cessation de la contrainte ou la découverte de l'erreur (article 181). Il y a alors ratification tacite.

Pour que la nullité soit couverte par le délai de six mois, l'art. 181 exige qu'il y ait eu cohabitation ; mais qu'arrivera-t-il dans le cas de non cohabitation ? D'après les termes de l'art. 1304, il faudrait reconnaître que lorsqu'il s'est écoulé dix ans sans réclamation, l'ac-

tion est non recevable, et cependant il semble que le refus de cohabitation doit impliquer plutôt un désaveu énergique qu'une ap-
probation d'un contrat vicieux.

La ratification tacite dont nous venons de parler ne peut résulter
d'aucun autre fait que de la cohabitation pendant six mois ; mais
une ratification formelle couvrirait parfaitement la nullité née d'un
consentement vicieux pourvu toutefois qu'elle fût postérieure à la
cessation de la violence ou de l'erreur.

II. *Nullité résultant du défaut de consentement des parents dans les
cas requis.* — La loi accorde le bénéfice de cette nullité, non-seu-
lement à ceux dont l'autorité a été méconnue, mais encore, par
une exception remarquable à ce principe, *nemo ex suo delicto ac
tionem consequi debet*, elle l'accorde aux enfants qui ont méconnu
cette autorité (art. 182). Elle a voulu protéger le mineur, dans
l'acte le plus important de la vie, contre les séductions auxquelles il a pu être entraîné à cause de sa faiblesse.

Lorsque ceux dont le consentement était requis meurent, leur
droit de proposer la nullité cesse, et ne passe pas à ceux dont le
consentement serait requis à leur défaut. De même que les ascendants
perdent leur action lorsqu'ils meurent, le conseil de famille perd
la sienne lorsqu'il a cessé d'exister, c'est-à-dire lorsque le mineur
qui s'est marié sans son consentement atteint sa majorité avant
que la nullité de son mariage ait été prononcée.

La nullité résultant du défaut du consentement des parents
peut être couverte par une ratification émanant, soit de ceux
dont le consentement était requis, soit de l'époux qui avait besoin de ce consentement.

La ratification émanant de ceux dont le consentement était requis peut : 1° être expresse ; 2° être tacite, c'est-à-dire résulter de
faits que les juges apprécieront, ou du laps de temps d'une année
écoulée sans réclamation de leur part, depuis qu'ils ont eu connaissance du mariage (art. 183).

La ratification de la part des époux résulte seulement du laps
de temps d'une année à compter du jour où il atteint l'âge
compétent pour consentir par lui-même au mariage (article 183

3

in fine) : cet âge *compétent* est de vingt-un ans pour les filles; quant aux garçons, il est tantôt de vingt-un, tantôt de vingt-cinq , suivant qu'ils ont ou qu'ils n'ont point d'ascendants.

Section II. — *Des mariages putatifs.*

La bonne foi de ceux qui se sont unis par un mariage qu'ils croyaient autorisé par loi et dont ils ignoraient les empêchements, rend leur erreur excusable. C'est sur ce principe d'équité que le Code veut, en conformité de l'ancienne jurisprudence, que le mariage qui a été déclaré nul produise néanmoins les effets civils, tant à l'égard des époux qu'à l'égard des enfants (art. 201).

C'est ce mariage nul, |mais contracté de bonne foi, que l'on a appelé *mariage putatif*.

Si la bonne foi n'existe que de la part de l'un des époux, le mariage ne produit les effets civils qu'en faveur de cet époux et des enfants issus de ce mariage (art. 202).

Nous ne pensons pas que le mariage putatif puisse légitimer les enfants nés antérieurement d'un commerce illégitime; car, aux termes de l'art. 202, les effets du mariage putatif ne s'appliquent qu'aux enfants nés de ce mariage, ce qui ne peut s'entendre que de ceux dont la naissance est postérieure au mariage. — Remarquons en terminant qu'il suffit que la bonne foi ait existé au moment où le mariage a été contracté, pour qu'il y ait mariage putatif.

CHAPITRE III.

Des obligations qui naissent du mariage.

Ce chapitre, malgré la généralité de sa rubrique, n'a trait qu'aux rapports des époux avec leurs ascendants, leurs descendants et quelques-uns de leurs alliés. Ces rapports n'ont trait, eux-mêmes, qu'à l'obligation dont sont tenus les père et mère de nourrir, entretenir et élever leurs enfants, et aux aliments que les proches parents doivent se fournir mutuellement quand ils sont dans le besoin.

§ I. *Obligation pour les époux de nourrir, entretenir et élever leurs enfants.*

Du mariage résulte pour les époux l'obligation de nourrir, entretenir et élever leurs enfants, conformément à leur état et à leur fortune. En consacrant cette obligation naturelle par une disposition formelle (art. 203), le Code la rend civilement obligatoire.

Mais les enfants n'ont aucune action pour obtenir de leurs père et mère un établissement par mariage ou autrement (art. 204).

Du reste, le devoir d'éducation et d'entretien cesse quand les enfants sont parvenus à un âge où ils peuvent pourvoir à leurs besoins. Toutefois si, même après cet âge, leur enfant se trouve hors d'état de pourvoir à sa subsistance, le père et la mère sont obligés de lui venir en aide. Mais, tandis que leur première obligation consistait surtout en des soins à donner, la seconde a pour objet une somme d'argent. C'est cette seconde obligation qui s'appelle dette alimentaire et que nous allons examiner dans le paragraphe suivant.

§ 2. — *De la dette alimentaire.*

I. *Entre quelles personnes elle existe.* — La dette alimentaire n'existe pas seulemeet en faveur des enfants, mais en faveur des pères et mères; plus généralement, elle existe entre ascendants et descendants à quelque degré que ce soit, et entre alliés à titre d'ascendant et de descendant. — Elle offre ce caractère particuculier d'exister toujours avec réciprocité, de sorte que l'on peut dire que celui-là doit des aliments qui a le droit d'en exiger. (1).

Les aliments ne sont demandés aux alliés qu'à défaut de parents. Entre parents on admet en général que, pour déterminer le rang d'après lequel ils seront tenus de la dette alimentaire, il faut appliquer le principe : *ubi est successionis emolumentum, ibi et onus (alimentorum) esse debet.* Cependant il est des cas où ce principe n'est nullement suivi : ainsi le conjoint, qui est le *dernier* appelé à la succession de son conjoint est le *premier* obligé de lui fournir des aliments (art. 214); les père et mère, qui ne succèdent jamais à leurs enfants adultérins ou incestueux, leur doivent pourtant des aliments (art. 762).

Dans le silence de la loi sur ce point, il sera mieux de s'en rapporter à l'appréciation des juges.

II. *Etendue de l'obligation.* — Pour que les aliments soient dus, il faut et il suffit que celui qui les demande soit dans le besoin et hors d'état de pourvoir à sa subsistance, et que celui à qui

---

(1). L'art 806 parle de *gendre, belle-fille, beau-père, belle-mère.* Ces termes nécessitent une explication : le *gendre, - gener,* est le mari de notre fille ; la belle-fille ou la bru, *nurus,* est la femme de notre fils ; il ne faut pas confondre cette dernière avec ce que nous appelons aussi belle-fille, que les latins appelaient *privigna,* et qui est la fille issue du premier mariage de notre femme ou de notre mari. — Le beau-père, *socer,* est le père de notre épouse ou de notre mari ; la belle-mère, *socrus,* est la mère de notre épouse ou de notre mari ; il ne faut pas les confondre avec ce que nous appelons aussi beau-père, belle-mère, que nos anciennes coutumes appelaient *parastre, marastre,* les Latins, *vitricus, noverca.* L'art. 206 doit être compris en ce sens que *gener* et *nurus* doivent des aliments à *socero* et *socrui,* et réciproquement; mais *privignus* et *privigna* n'en doivent pas *vitrico* et *novercæ* et réciproquement.

on les demande soit en état de les fournir.

Par *aliments* on n'entend pas seulement la nourriture mais aussi le logement et le vestiaire.

Leur *quantum* est déterminé par l'étendue du besoin de celui qui les réclame combiné avec la fortune de celui qui les doit (art. 208) : mais ces éléments qui servent de base au chiffre des aliments , le *besoin* du créancier, et la *fortune* du débiteur, sont essentiellement variables ; il en résulte que le *quantum* des aliments est variable (art. 209), même après une première détermination,

— En principe, la dette alimentaire se résout en une pension pécuniaire. Dans les cas ordinaires , celui auquel les aliments sont dus n'est pas tenu de les consommer dans la maison du débiteur. Cependant , si celui-ci justifie qu'il ne peut pas payer la pension alimentaire, les juges peuvent , en connaissance de cause , l'en dispenser, à la charge par lui de recevoir dans sa demeure , de nourrir, et entretenir le créancier (art. 210). Mais la loi , plus favorable encore aux père et mère , n'exige pas d'eux la preuve qu'ils ne peuvent payer la pension alimentaire ; l'enfant auquel ils offrent de le recevoir chez eux doit accepter (art. 211) , et les juges ne pourraient décider autrement que si le bien-être et la moralité de l'enfant devaient courir des dangers.

— On s'est demandé si la dette alimentaire était solidaire, et la difficulté repose sur ce que, dit-on, l'obligation de faire vivre est indivisible , car on ne vit pas par parties. Mais, d'abord , la solidarité ne se présume pas , et en second lieu , si la dette alimentaire était solidaire, on arriverait très-souvent à cette conséquence, entièrement opposée aux dispositions de l'art. 208 , qu'un débiteur pourrait être tenu au-delà de ses facultés. Enfin , il est très-inexact de dire que la dette alimentaire est indivisible, puisque rien n'est plus divisible qu'une somme d'argent , et que la manière de vivre , si non la vie elle-même, est évidemment susceptible de plus ou de moins.

Nous admettrons aussi que , lorsque plusieurs personnes sont tenues simultanément de la dette alimentaire , elle doit se diviser proportionnellement à la fortune de ces personnes.

III. *Quand cesse l'obligation de fournir des aliments.* — Elle cesse lorsque le créancier n'est plus dans le besoin, ou que le débiteur est dans l'impossibilité de l'acquitter (art. 209). C'est là le principe général fondé sur la nature même de la dette alimentaire ; mais la loi (art. 206, *in fine*) indique deux cas spéciaux où cesse l'obligation des aliments :

1.° Lorsque la belle-mère, *socrus*, a convolé à de secondes noces. —Elle entre alors dans une nouvelle famille qui est obligée de la nourrir. La femme qui perd son droit aux aliments par de secondes noces n'est plus obligée de les payer, en vertu du principe de réciprocité établi à l'art. 207. — Le beau-père, *socer*, qui convole à de secondes noces reste dans la même famille et conserve son droit aux aliments.

2° Lorsque celui des époux qui produisait l'affinité, et les enfants issus de son union avec l'autre époux sont décédés. — La dette alimentaire qui était née de l'affinité cesse avec les causes de cette affinité.

CHAPITRE IV.

Des droits et des devoirs respectifs des époux.

Section Ire.

Devoirs réciproques des époux.

Le législateur a résumé en trois mots : fidélité, secours et assistance, les devoirs que les époux se doivent mutuellement (art. 212). Mais ces devoirs sont infinis et font surtout partie du domaine de la conscience.

L'infidélité de l'homme et de la femme est également coupable aux yeux de la morale; mais la première a des résultats beaucoup moins désastreux dans la société que la seconde ; aussi la loi pénale la punit-elle moins sévèrement. La femme convaincue d'adultère peut être condamnée à un emprisonnement de deux ans au moins et de trois ans au plus (art. 337, C.P.) ; le mari, qui ne peut être poursuivi que lorsqu'il a entretenu une concubine dans la maison conjugale, est passible d'une amende de cent francs à deux mille francs (art. 339, C. P.).

Le mari doit protection à sa femme, car il est le plus fort; la femme lui doit obéissance, car il ne faut qu'une volonté pour qu'il y ait de l'ordre et de l'unité dans la famille (art. 213).

Du devoir d'obéissance naît pour la femme l'obligation d'habiter avec son mari ; aussi n'a-t-elle d'autre domicile que le sien, et il peut la contraindre par la force à y résider. Réciproquement le mari est tenu de la recevoir chez lui et de l'y traiter selon ses facultés et son état (art. 214).

SECTION II.

Incapacité de la femme mariée.

La suprématie du mari dans les rapports de la vie conjugale, jointe à la faiblesse et à l'inexpérience de la femme, produit encore un effet d'une importance immense dans la pratique ; c'est l'incapacité de la femme, soit pour contracter, soit pour ester en justice, sans une autorisation qui émane quelquefois du mari, d'autres fois de justice, et que nous allons examiner sous les cinq points de vue suivants : 1° dans quels cas l'autorisation du mari est ou n'est pas nécessaire ; 2° quand l'autorisation peut et doit être suppléée par la justice ; 3° quelles sont les formes de l'autorisation du mari ou de justice ; 4° quels sont les cas où l'autorisation du mari ou de justice n'est pas requise ; 5° quels sont les effets de l'autorisation ou du défaut d'autorisation.

§ 1. — *Dans quel cas l'autorisation du mari est ou n'est pas nécessaire.*

L'incapacité de la femme mariée est fort étendue. En général, elle ne peut, sans autorisation, ni contracter, ni donner, ni aliéner ou hypothéquer ses biens, acquérir à titre gratuit ou onéreux (art. 217); ni administrer ses biens (art. 1428), accepter ni reprendre une succession (art. 776) ou une donation, ni ester en jugement (art. 215), soit en demandant, soit en défendant.

Toutefois la femme peut , par son contrat de mariage , conserver l'adminstration de ses biens , en tout ou en partie , ce qui a lieu notamment sous le régime de la séparation de biens , et aussi sous le régime dotal quant à ses paraphernaux. Alors incapable de tout acte de *disposition* , elle peut sans autorisation faire tout acte d'*administration*.

Quant à la règle que la femme ne peut ester en justice sans l'autorisation de son mari , elle s'applique sous tous les régimes , pour toute espèce de différends , et alors même qu'elle plaide contre son mari. Toutefois, lorsqu'elle veut former une demande en séparation de corps ou de biens , elle peut sans autorisation présenter la *requête* qui doit précéder sa demande ; elle forme ensuite la *demande* avec l'autorisation du président du tribunal.

La femme qui se marie durant une instance commencée en son nom doit avoir l'autorisation de son mari pour poursuivre cette instance.

L'autorisation pour ester en jugement donnée *in omnem causam* s'étend à tous les degrés de juridiction , même au pourvoi en cassation. Mais l'autorisation donnée *pour suivre tel procès* est valable pour ester en appel ; car l'appel ne constitue pas une instance nouvelle. Elle ne serait suffisante ni pour la requête civile, ni pour le recours en cassation : pour suivre l'affaire jusque-là, il faudrait une nouvelle autorisation.

§ II. — *Quand l'autorisation peut et doit être suppléée par la justice.*

L'autorisation de la justice peut et doit suppléer celle du mari :

1° Lorsqu'il refuse injustement l'autorisation qu'on lui demande (art. 218) ;

2° Lorsqu'il est en état de déclaration ou même de simple présomption d'absence (art. 222). S'il était seulement *non présent* , l'autorisation de justice ne pourrait suppléer celle du mari qu'en cas d'urgence ;

3° Lorsque le mari est mineur. Dans ce cas , par l'émancipation

résultant du mariage , il a le droit de faire les actes d'administration et d'exercer ses actions mobilières. Il ne peut conférer à sa
femme des droits plus étendus que ceux qu'il a lui-même. L'autorisation de justice y suppléera pour les autres cas ;

4° Lorsqu'il est interdit (art. 222);

5° Lorsqu'il est frappé d'une condamnation contradictoire ou
même par contumace emportant peine afflictive ou infamante
(art. 221).

L'autorisation de justice ne saurait suppléer celle du mari, lorsque la femme veut faire le commerce (art. 4, C. comm.).

§ III. *Des formes de l'autorisation du mari et de justice.*

I. *Autorisation du mari.*—Autrefois l'autorisation du mari devait être
expresse et même faite en termes sacramentels. Aujourd'hui, l'autorisation peut être expresse , c'est-à-dire verbale ou écrite ; mais lorsqu'elle est *verbale*, elle ne peut être prouvée que par l'aveu ou la
délation du serment , non par témoins. L'autorisation peut aussi
être tacite, et alors elle résulte du concours du mari dans l'acte (art.
217).

Dans tous les cas, l'autorisation doit être *spéciale*. L'autorisation
générale n'est valable que lorsqu'elle s'applique aux actes d'administration (art. 223).

L'autorisation dont la femme a besoin pour faire le commerce
peut être tacite, et elle produit son effet dans le sens le plus général. La faveur du commerce et la nature des actes auxquels il
donne lieu ne permettait pas qu'une autorisation spéciale fût exi-
gée pour chaque opération (art. 220).

— Pour autoriser la femme à ester en justice, il faut distinguer :
si la femme est *demanderesse*, le mari l'autorise expressément ou
tacitement d'après les principes que nous venons d'indiquer ; si elle
est *défenderesse*, le tiers qui la poursuit assigne en même temps son
mari à l'effet de l'autoriser. Le mari peut alors autoriser soit ex-

pressément, soit en intervenant au procès ; s'il refuse, le tiers s'adresse à la justice.

L'autorisation peut être donnée *avant* et *pendant* l'affaire. Donnée postérieurement, elle a un effet rétroactif à moins que cette autorisation postérieure n'ait été donnée frauduleusement par le mari et pour préjudicier à la femme.

II. *Autorisation de justice.* — Lorsque le mari est absent, mineur, interdit, ou frappé d'une condamnation à une peine afflictive ou infamante et que par suite il ne peut autoriser sa femme, celle-ci présente simplement une requête au président du tribunal ; ce magistrat ordonne la communication au ministère public, et commet un juge sur le rapport duquel le tribunal statue (art. 863 et 864, C. pr.).

Lorsque le mari refuse d'autoriser sa femme à faire un acte extra-judiciaire, elle le cite devant le tribunal de première instance du domicile commun. Ce tribunal statue en la chambre du conseil après avoir entendu le mari ou lui dûment appelé (article 219).

Lorsqu'il s'agit de l'autorisation de la femme à ester en justice sur le refus du mari, et qu'elle est demanderesse, elle doit *préalablement* lui faire sommation d'autoriser ; s'il persiste dans son refus, elle adresse une requête au président. Celui-ci rend une ordonnance par laquelle il permet à la femme de citer son mari à jour indiqué en la chambre du conseil. Le mari entendu, ou faute par lui de se présenter, le tribunal, sur les conclusions du ministère public, accorde ou refuse l'autorisation (art. 861 et 862, C. pr.).

Si la femme est défenderesse, on se conforme à ce que nous avons dit plus haut.

§ IV. — *Des cas où l'autorisation du mari ou de justice n'est pas requise.*

I. La femme mariée peut tester sans l'autorisation de son mari, d'abord parce qu'il est de l'essence du testament qu'il soit l'œuvre de la volonté personnelle du testateur, et en second lieu, parce que le testament ne devant produire son effet qu'après la mort de la femme, il ne peut porter aucune atteinte à l'autorité maritale (art. 226).

II. Elle peut aussi : 1° consentir au mariage de ses enfants (art. 148 et 149) ; 2° faire inscrire son hypothèque légale (art. 2139); 3° interrompre la prescription par une sommation à ses débiteurs,

III. Enfin, elle n'a pas besoin d'autorisation pour satisfaire aux obligations qui naissent de ses délits et quasi-délits. Ainsi, elle peut ester en justice, lorsqu'elle est défenderesse, en matière criminelle, correctionnelle ou de simple police (art. 216).

§ V. — *Quels sont les effets de l'autorisation ou du défaut d'autorisation.*

I. — Effets de l'autorisation.

1° *A l'égard de la femme.* — L'autorisation du mari ou de justice la rend aussi capable que si elle était fille ou veuve, pour toutes les affaires sur lesquelles porte l'autorisation.

2°. *A l'égard du mari.* — En général, *qui auctor est non se obligat;* ce principe est applicable au mari qui a autorisé, sauf quelques exceptions.

Ainsi, pour les biens dont il n'a que la *jouissance* et dont sa femme conserve la *propriété,* l'autorisation qu'il donne de les aliéner le prive de cette jouissance, à moins qu'il n'ait fait une restriction à cet effet.

Lorsqu'il est marié sous le régime de la communauté, le consentement qu'il donne aux actes que fait sa femme l'oblige lui-même et sur ses propres biens. — Mais l'autorisation de justice, qui rend la femme capable de s'obliger, ne peut jamais préjudicier aux droits du mari.

II. — Effets du défaut d'autorisation.

Autrefois la nullité résultant du défaut d'autorisation était *per-*

pétuelle et *absolue;* aujourd'hui, l'acte fait sans autorisation par une femme mariée n'est plus qu'*annulable*.

La nullité peut en être demandée : 1° par le mari, mais seulement tant que dure le mariage ; car après sa dissolution, le mari n'y a plus d'intérêt, puisque les actes faits sans autorisation ne peuvent en aucun cas lui préjudicier; mais, tant que dure le mariage, il a intérêt à faire respecter son autorité méconnue; 2° par la femme, alors même qu'elle a figuré dans l'affaire comme fille ou veuve, à moins toutefois qu'elle n'ait eu recours à des machinations frauduleuses pour dissimuler sa qualité, auquel cas les tiers ne devraient pas être victimes de sa fraude; 3° par leurs héritiers (art. 225). Cependant, malgré les termes de l'art. 225, il paraît difficile d'accorder l'action en nullité aux héritiers du mari ; car ils n'y ont pas d'intérêt.

Les tiers n'ont plus, comme autrefois, le droit de demander la nullité du contrat qu'ils ont fait avec la femme. On n'accorde pas même ce droit aux créanciers de la femme, parce qu'on le regarde comme exclusivement attaché à la personne de la femme, et qu'ainsi il rentre dans l'exception consacrée par l'art. 1166.

— Lorsque la femme fait annuler un acte, elle reprend ce qu'elle a livré, et ne rend ce qu'elle a reçu en retour qu'autant qu'elle en a profité (art. 1312).

Les actes faits par la femme sans autorisation sont susceptibles d'une ratification tacite ou expresse.

La ratification tacite résulte du silence de la part de ceux qui pouvaient demander la nullité, prolongé pendant dix ans (art. 1304). Ces dix ans courent, pour le mari, du jour où il a eu connaissance de l'acte; pour la femme, du jour de la dissolution du mariage (art. 1304).

La ratification expresse peut émaner de la femme autorisée de son mari, et alors l'acte devient valable *erga omnes;* ou de la femme seulement autorisée de justice, et alors l'acte n'est pas opposable au mari. Enfin après la dissolution du mariage, la femme peut ratifier l'acte sans aucune autorisation, puisqu'elle est devenue libre.

CHAPITRE V.

De la dissolution du mariage et des seconds mariages.

Le Code contient trois causes de dissolution de mariage (art. 227) : 1º la mort naturelle de l'un des conjoints ; 2º le divorce légalement prononcé ; 3º la condamnation devenue définitive à une peine emportant la mort civile.

Mais une loi du 8 mai 1816 a aboli le divorce que nos mœurs repoussaient énergiquement ; une autre loi, du 31 mai 1854, a aboli la mort civile ; de sorte qu'il n'y a plus aujourd'hui qu'une cause de dissolution du mariage, la mort naturelle de l'un des conjoints. Le principe de l'indissolubilité du lien conjugal est ainsi rétabli dans toute sa force.

La dissolution d'un premier mariage laisse à l'époux survivant la liberté d'en contracter un second. Le mari peut user immédiatement de cette liberté ; mais, aussi bien par respect pour l'honnêteté publique que pour prévenir l'incertitude sur la paternité de l'enfant qu'une veuve remariée mettrait au monde, la loi défend à la femme de contracter un nouveau mariage moins de dix mois révolus après la dissolution du précédent (art. 228).

La violation de cette prohibition n'entraîne pas la nullité du second mariage ; elle rend seulement l'officier de l'état civil qui l'aurait célébré, passible d'une amende de seize francs à trois cents francs (art. 194 C. P.).

PROCÉDURE CIVILE.

DE LA REQUÊTE CIVILE.

(art. 480 à 504. C. Pr.)

La requête civile est une voie extraordinaire contre les jugements. Cette voie est ainsi appelée, soit parce qu'elle est inconnue en matière criminelle, soit parce que la pièce introductive ne doit rien contenir d'offensant pour les magistrats qui ont rendu la sentence.

Nous examinerons successivement, dans six sections : 1° contre quels jugements et par quelles personnes peut être formée la requête civile; 2° pour quelles causes ; 3° dans quels délais ; 4° devant quels juges ; 5° dans quelles formes : 6° enfin, quels sont les effets du rejet ou de l'admission de la requête civile.

SECTION I.

Contre quels jugements et par quelles personnes peut être formée la requête civile.

Cette section se divise en deux paragraphes : 1° contre quels jugements; 2° par quelles personnes peut être formée la requête civile.

§ Ier. — *Contre quels jugements peut être formée la requête civile.*

Les sentences en dernier ressort sont les seules qui soient soumises à la requête civile. Il importe peu qu'elles soient contradictoires ou par défaut; mais, dans ce dernier cas, la requête civile n'est admise que lorsque la voie de l'opposition est fermée.

L'art. 480, C. pr. donne lieu à la question de savoir si l'on peut se pourvoir, par requête civile, contre les jugements émanés d'une justice de paix, ou d'un tribunal de commerce, ou d'arbitres, et contre les arrêts de la Cour de Cassation.

L'affirmative est généralement admise pour les tribunaux de commerce, car on doit les considérer comme compris dans la dénomination de *tribunaux de première instance*, alors surtout que leur compétence, quant au taux du dernier ressort, est la même que pour les tribunaux civils d'arrondissement.

La question est plus difficile à l'égard des justices de paix ; mais il nous semble qu'elle doit être résolue par ces considérations que le nom de *tribunaux de première instance* ne leur est jamais appliqué, et que le législateur n'ayant pas soumis les jugements en dernier ressort des tribunaux de paix au recours en cassation, n'a pas voulu les assujettir davantage à la requête civile.

Quant aux arrêts de la Cour de Cassation, nous pensons que le Code de procédure ne s'occupant en rien de ce qui est relatif à cette Cour, il faut s'en rapporter au règlement de 1738, lequel n'indique, pour revenir contre les décisions de la Cour de Cassation, que le moyen de la *prise à partie*, et qu'en conséquence la requête civile n'est pas admissible.

Enfin, l'art. 1026 du C. Pr. autorise le recours de la requête civile contre les jugements arbitraux ; mais il y a cette différence, entre le cas où il s'agit d'une sentence arbitrale et celui où il s'agit d'un jugement ordinaire, que la requête civile contre la décision des arbitres, au lieu d'être soumise à ceux-ci doit être portée devant le tribunal qui eût été compétent pour connaître de l'appel.

— Nous avons vu que la requête civile ne peut être admise, tant que la voie de l'opposition n'est pas épuisée. Il faut décider aussi que, quand on a la voie de la requête civile, on ne peut se pourvoir en cassation, en ce sens du moins que l'on fonderait ce pourvoi sur un moyen qui serait indiqué par la loi comme donnant ouverture à la requête civile.

§ II. — *Par quelles personnes peut être formée la requête civile.*

Le droit de se pourvoir par requête civile appartient à ceux qui ont été *parties*, ou dûment *appelés*, au jugement attaqué par cette voie (art. 480, C. Pr.), et à leurs héritiers, successeurs, ou ayant-cause. C'est aussi contre les personnes ayant les mêmes qualités que la requête civile doit être dirigée.

SECTION II.

Des causes de la requête civile.

Pour prévenir l'abus que l'on aurait pu faire de la requête civile, la loi a elle-même spécifié les cas qui peuvent donner lieu à ce mode de recours. Celui qui poursuit une instance en requête civile en dehors de ces cas s'expose à de fortes amendes et souvent à des dommages-intérêts. Ils sont énumérés limitativement par les art. 480 et 481, C. Pr., et nous allons les passer successivement en revue :

1er cas. — Dol personnel. — Il faut que le dol ait été personnel, c'est-à-dire que la partie adverse en ait été l'auteur ou le complice ; mais le dol de l'avocat, de l'avoué du mandataire, est considéré comme provenant de la partie elle-même.

2e cas. — Si depuis le jugement il a été recouvré des pièces *décisives*, et qui avaient été retenues par le fait de la partie. — Ce cas sera le plus souvent un cas de dol.

3e cas. — Si l'on a jugé sur pièces reconnues ou déclarées fausses depuis le jugement. — Ce cas sera encore le plus souvent un cas de dol.

— Dans les trois cas ci-dessus, pour que la requête civile soit admissible, il faut que le fait invoqué ait pu avoir quelque influence sur le jugement.

4e cas. — Si les formes prescrites à peine de nullité ont été violées, soit avant, soit lors des jugements, pourvu que la nullité n'ait pas été couverte par les parties.

Nous avons vu que lorsqu'il y a moyen de requête civile, on ne peut sur ce moyen fonder un recours en cassation ; il est donc important de distinguer dans quels cas les nullités de forme donnent lieu à la requête civile, et dans quels cas elles donnent lieu au recours en cassation. La distinction à cet égard est celle-ci : lorsqu'une nullité aura été commise sans que le jugement ait été appelé à l'apprécier, il pourra être attaqué par la requête civile ; mais si le jugement a statué sur la demande en nullité, et l'a rejetée, c'est alors la voie de cassation qui est ouverte contre sa décision (arrêt de la Cour de Cassation, du 19 juillet 1809).

— Remarquons qu'il ne faut pas que la nullité ait pu être couverte par le silence de la partie, comme par exemple, si celle-ci a toujours fait défaut, ou si la nullité est d'ordre public.

5e cas. — Si, dans les cas où la loi exige la communication au ministère public, cette communication n'a pas eu lieu, et que le jugement ait été rendu contre celui pour qui elle était ordonnée.

6e cas. — S'il a été prononcé sur choses non demandées.

7e cas. — S'il a été adjugé plus qu'il n'a été demandé.

8e cas. — S'il a été omis de prononcer sur l'un des chefs de demande.

Dans ces trois derniers cas, la loi suppose qu'il y a eu faute d'attention de la part des juges ; mais si le jugement déclarait *n'y avoir lieu de statuer sur de telles demandes*, ou statuait sur certains chefs sans donner de motifs, il ne serait pas possible de supposer que les juges ont commis un simple oubli. Il y aurait alors ouverture à cassation.

9e cas. — Si dans un même jugement il y a des dispositions con-
traires. — La contrariété qui n'existerait qu'entre les motifs ne don-
nerait pas lieu à requête civile.

10e cas. — S'il y a contrariété de jugements en dernier ressort entre les mêmes parties et sur les mêmes moyens, dans les mêmes
cours ou tribunaux. — Mêmes parties, mêmes moyens, même objet,
mêmes tribunaux : ces quatre conditions doivent concourir pour qu'il
y ait lieu à requête civile. Par *mêmes moyens*, il faut entendre que
les jugements aient été rendus sur le même état de cause, et qu'il
ne soit survenu depuis la première sentence aucun fait nouveau qui
ait pu donner lieu à une décision contraire.

— S'il y a mêmes parties, mêmes moyens, même objet, mais
non mêmes tribunaux, la contrariété de jugements rendus en dernier ressort donne lieu à recours en cassation (art. 504, C. Pr.).

11e cas. — L'Etat, les communes, les établissements publics, et
les mineurs sont encore reçus à se pourvoir, s'ils n'ont été défendus, ou s'ils ne l'ont été valablement (art. 481). — *S'ils n'ont
été défendus*, c'est-à-dire s'ils ont été jugés par défaut ou par forclusion ; *s'ils n'ont été valablement défendus*, c'est-à-dire quand les
principales défenses de fait et de droit ont été omises et que cette
omission semble avoir donné lieu à ce qui a été jugé. Du reste,
il est assez difficile de préciser la portée de ces mots : *s'ils n'ont
été valablement défendus.*

SECTION III.

Dans quels délais on doit se pourvoir en requête civile.

La requête civile sera signifiée avec assignation, *dans les trois
mois*, à l'égard des majeurs, du jour de la signification à personne ou à domicile du jugement attaqué (art. 483, C. Pr.); ce
délai court contre l'Etat et les établissements publics, de même

que contre les particuliers majeurs. Quant aux mineurs, l'art. 484 du C. de Pr. porte que le délai de trois mois ne courra contre eux que du jour de la signification du jugement, faite depuis leur majorité, à personne ou domicile (art. 484, C. Pr.). On admet, par analogie, que le délai ne court contre l'interdit qu'à dater de la signification à lui faite depuis qu'il a recouvré sa capacité.

Les art. 485 et 486 prorogent les délais en faveur des absents pour service de terre ou de mer, et de ceux qui demeurent hors de la France continentale ; l'art. 487 les proroge dans le cas de décès de la partie condamnée ; l'art. 488 pour le cas de dol, faux, ou découverte de pièces nouvelles ; enfin, l'art. 489 dispose que s'il y a lieu à requête civile pour contrariété dans les jugements, le délai de trois mois ne court que du jour de la signification du dernier jugement.

— Le délai de trois mois pour la requête civile diffère de celui de l'appel en ce que le jour de l'échéance est compté, ce qui résulte de ces mots : *dans les trois mois* (art. 483, C. Pr.).

Section IV.

Devant quels juges la requête civile doit être portée.

La requête civile sera portée au même tribunal où le jugement attaqué aura été rendu (art. 490, C. Pr.).

Lors même que l'occasion de se pourvoir par cette voie sera survenue incidemment dans une contestation qui s'instruit en un autre tribunal, la requête ne peut être présentée qu'au tribunal même qui a rendu le jugement (art. 491, C. Pr.).

Il n'y a d'exception à la règle de l'art. 490, C. Pr., que pour les jugements arbitraux à l'occasion desquels l'art. 1026 du C. de Pr. dispose que la requête civile sera portée devant le tribunal qui eût été compétent pour connaître de l'appel. — Non seulement la requête civile est portée au même tribunal où le jugement attaqué a été rendu , mais encore il peut y être statué par les mêmes juges (art. 490 , C. Pr. , *in fine*).

Section V.

De la forme à suivre pour se pourvoir en requête civile.

§ 1. — *De la demande en requête civile.*

La requête civile , de même que l'appel , constitue une instance particulière , elle est formée , tantôt par requête d'avoué à avoué , tantôt par exploit.

Elle est formée par requête d'avoué à avoué quand elle est proposée incidemment dans le cours d'une seconde instance pendante devant le même tribunal qui a rendu la sentence attaquée (art. 493 , C. Pr.).

Dans tous les autres cas , elle doit être formée par assignation ; l'assignation doit être remise au domicile de l'avoué de la partie qui a obtenu le jugement attaqué , si elle est formée dans les six mois de la date du jugement , et cet avoué est alors censé constitué sans nouveaux pouvoirs (art. 497 , C. Pr.). Après le délai de six mois , l'assignation doit être donnée au domicile de la partie (art. 492, C. Pr.).

Il paraît résulter de l'art 483 du C. de Pr. , que l'assignation à la partie doit être précédée d'une requête signée par un avoué et présentée aux juges , et qu'il doit être donné copie de cette requête dans l'assignation. Mais la requête civile est dispensée du préliminaire de la conciliation , parce qu'elle ne constitue pas une demande introductive d'instance.

— La loi a établi plusieurs conditions dont l'objet est de prévenir l'abus de la requête civile.

La requête civile , porte l'art. 494 , d'aucune partie autre que celle qui stipule les intérêts de l'Etat ne sera reçue si, avant que cette requête ait été présentée, il n'a été consigné une somme de trois cents francs pour amende, et cent cinquante francs pour les dommages-intérêts de la partie, sans préjudice de plus amples dommages-intérêts s'il y a lieu ; la consignation sera de moitié, si le jugement est par défaut ou par forclusion, et du quart, s'il s'agit de jugements rendus par les tribunaux de première instance (art. 494, C. Pr.).

L'art. 494 est mal rédigé en ce qu'il n'indique pas si, pour les jugements des tribunaux de première instance, l'amende à consigner ainsi que les dommages-intérêts doivent être réduits, lorsque les jugements sont par défaut ou par forclusion. Il faut décider négativement, parce que la disposition relative aux décisions par défaut précède ce qui concerne les tribunaux de première instance, et qu'il serait difficile d'en extraire une règle générale.

Les indigents ne sont pas dispensés de la consignation. L'Etat en est dispensé, parce que sa solvabilité ne peut être mise en doute, mais s'il succombe il doit payer et l'amende et les dommages-intérêts (art. 500, C. Pr.).

Enfin, l'art. 495 porte que la quittance du receveur sera signifiée en tête de la demande.

Ce même article dispose qu'il devra être signifié en tête de la demande une consultation de trois avocats exerçant depuis dix ans au moins près un des tribunaux du ressort de la Cour impériale dans lequel le jugement a été rendu. Cette consultation contiendra déclaration qu'ils sont d'avis de la requête civile, et elle en énoncera aussi les ouvertures ; sinon la requête ne sera pas reçue. De ces derniers termes de l'article, il faut conclure que la quittance du receveur ainsi que la consultation doivent être signifiées en même temps que l'assignation, à peine de déchéance.

§ II. — *Des effets de la demande en requête civile.*

La demande eu requête civile n'empêche pas l'exécution du jugement attaqué ; nulles défenses de l'exécuter ne pourront être accordées ; celui qui aura été condamné à délaisser un héritage ne sera reçu à plaider sur la requête civile qu'en rapportant la preuve de l'exécution du jugement au principal (art. 497 , C. Pr.). Cet article fournit un moyen des plus puissants de prévenir les requêtes civiles qui seraient dictées par la chicane ou par les passions.

§ III. — *De l'instruction de la requête civile.*

Le défendeur à la requête civile peut répondre par une requête, après quoi l'affaire est portée à l'audience sur avenir , et doit être jugée sur plaidoirie , à moins qu'il ne soit ordonné une instruction par écrit. La discussion est restreinte aux moyens de requête civile énoncés en la consultation (art. 499 , C. Pr.). Ce principe est absolu.

Toute requête civile doit être communiquée au ministère public (art. 498 , C. Pr.), même avant qu'elle soit signifiée avec assignation.

§ IV. *Du jugement sur le rescindant et sur le rescisoire.*

La contestation préliminaire sur le point de savoir si la requête civile doit être admise, se nomme *rescindant*; le nouveau débat qui s'engage sur le fond, quand elle a été admise, se nomme *rescisoire*.

SECTION VI.

Des effets du rejet ou de l'admission de la requête civile.

Le jugement sur le rescindant rejette ou admet la requête civile. Le jugement qui rejette la requête civile condamne le demandeur à l'amende et aux dommages-intérêts fixés par l'art. 494, sans préjudice de plus amples dommages-intérêts, s'il y a lieu (art. 500 C. Pr.).

Si la requête civile est admise, le jugement sera rétracté et les parties seront remises au même état où elles étaient avant ce jugement; les sommes consignées seront rendues , et les objets des condamnations qui auraient été perçus en vertu du jugement rétracté seront restitués. — Lorsque la requête civile aura été entérinée pour raison de contrariété de décisions, lejugement ordonnera que la première sera exécutée selon sa forme et teneur (art. 501, C. Pr.).

La contestation sur le *rescisoire* sera portée au même tribunal qui a statué sur le *rescindant* (art. 502, C. Pr.). On admet en général que, si les moyens de requête civile sont essentiellement liés avec le fond de la contestation, le rescindant et le rescisoire pourront être décidés par le même jugement. Le jugement sur le rescisoire est poursuivi par un avenir donné à l'avoué qui a occupé sur le rescindant, pourvu que cet avenir soit donné dans l'année du jugement qui a entériné la requête civile; après l'année, il faudrait une assignation à partie.

Enfin , l'art. 503 , C. Pr., porte qu'aucune partie ne pourra se pourvoir en requête civile, soit contre le jugement déjà attaqué par cette voie , soit contre le jugement qui l'aura rejetée, soit contre celui qui a été rendu sur le rescisoire , à peine de nullité et de dommages-intérêts, même contre l'avoué qui, ayant occupé sur la première demande, occuperait sur la seconde.

DROIT CRIMINEL.

DU MEURTRE.

(C. Pén., art. 295 à 304, moins l'art. 301).

Le Code pénal définit le meurtre dans l'art. 295 qui est ainsi conçu : « L'homicide commis volontairement est qualifié meurtre. » Il résulte de cette définition que deux conditions sont nécessaires pour constituer le crime de meurtre : l'*homicide*, c'est le fait matériel; *la volonté de tuer*, c'est la criminalité spéciale de l'acte inculpé.

L'*homicide* ne résulte que d'un acte matériel qui puisse donner la mort. Ainsi, il n'y aurait point homicide si l'agent n'avait mis en œuvre qu'un sortilége ou s'il avait employé une drogue qu'il croyait un poison et qui n'était point malfaisante. Mais des coups, lors même qu'ils ne sont pas mortels, peuvent donner lieu, s'ils ont été portés avec l'intention de donner la mort, à une accusation de meurtre.

L'homicide peut aussi résulter de l'omission d'un fait matériel ; telle serait l'omission de porter la nourriture à une personne séquestrée, pourvu qu'on fût chargé de le faire.

Mais dans aucun cas, l'homicide moral, celui qui tue par la torture de l'âme, ne peut rentrer dans les termes de la loi pénale. Sans doute, c'est un homicide odieux, mais dont la preuve serait trop difficile pour qu'il ne fût pas imprudent de l'admettre.

Le deuxième élément du crime de meurtre consiste, avons-nous dit, dans *la volonté de tuer;* c'est cet élément qui constitue la culpabilité nécessaire pour l'existence du crime.

Il n'y a lieu à l'application de la peine que lorsque les deux circonstances de l'homicide et de la volonté de tuer sont réunies dans le même fait.

Nous n'avons parlé, dans ces notions générales, que du meurtre considéré indépendamment de toute cause d'aggravation; nous allons maintenant parcourir les différentes circonstances desquelles ce crime reçoit une aggravation et une qualification particulières.

La qualité des personnes devient une circonstance aggravante du crime lorsqu'il est commis, soit sur des ascendants, soit sur un enfant nouveau-né ; il y a alors *parricide* ou *infanticide.*

Le meurtre est encore aggravé lorsqu'il est commis avec *préméditation* ou de *guet-apens*, il y a alors *assassinat;* lorsqu'il s'exécute par *l'emploi de poisons*, c'est le cas *d'empoisonnement;* enfin, lorsqu'il s'accomplit avec des tortures, ou qu'il est précédé, accompagné, ou suivi d'un autre crime ou d'un délit.

L'empoisonnement ayant été exclu de notre question, nous la diviserons en cinq paragraphes correspondant aux diverses aggravations du meurtre que nous venons d'indiquer. Enfin, dans un sixième et dernier paragraphe, nous examinerons la pénalité relative à ces crimes.

§ I. *Du Parricide*

Est qualifié parricide le meurtre des pères et mères légitimes, naturels ou adoptifs, ou de tout autre ascendant légitime (art. 299, C. P.). Le parricide est donc un simple meurtre; mais un meurtre commis sur les père, mère , ou ascendants de l'agent. Cette dernière circonstance l'élève seule au niveau de l'assassinat : elle décèle , en effet, dans l'agent, une perversité si grande, un abandon si complet des sentiments les plus saints de la nature, qu'elle le place, lors même qu'il n'a cédé qu'à une passion accidentelle, au rang de l'homme qui a médité son crime et choisi sa victime. (1)

Le crime du parricide est le même , soit qu'il ait été commis avec ou sans préméditation, avec ou sans la circonstance du guet-apens ; il a paru que dès qu'un fils avait pu lever le bras sur son père il ne pouvait commettre un crime plus grand.

L'élément spécial du parricide est dans la qualité des personnes sur lesquelles le meurtre a été commis , et voici comment doit être compris l'art. 299, C. P. ; il faut que le meurtre ait été commis, soit sur les père et mère légitimes , et non sur les alliés au même degré ; soit sur les père et mère adoptifs pourvu que l'adoption soit régulière ; soit sur les père et mère naturels , mais non incestueux ou adultérins ; soit enfin sur les ascendants légitimes seulement, et non sur les ascendants naturels ou adoptifs.

§ II. — *De l'infanticide.*

Est qualifié infanticide le meurtre d'un enfant nouveau-né (art. 300, C. P.).

Il résulte de ces termes qu'il faut ajouter aux conditions du meurtre celle que la victime soit un *enfant nouveau-né* , pour qu'il y ait infanticide.

L'infanticide peut exister sans qu'il y ait eu préméditation, mais il faut qu'il y ait volonté de donner la mort ; cette volonté sera souvent très-difficile à apprécier à cause des mystères qui entourent en général les grossesses des mères coupables et des circons-

______

(1) Théorie du Code pénal. t. III, p. 440.

tances multiples qui accompagnent la mort des enfants qu'elles mettent au monde.

Le deuxième élément de l'infanticide est que l'enfant soit né vivant. La vie de la victime est une condition requise pour toute espèce de meurtre ; mais peu importe qu'elle soit destinée ou non à vivre un certain temps ; il suffit que la vie existe au moment où l'homicide a lieu. Il suffit donc, pour qu'il y ait infanticide, que l'enfant soit né vivant ; il n'est pas nécessaire qu'il soit né viable.

La troisième condition du crime d'infanticide est que l'enfant soit nouveau-né. — Mais qu'est-ce qu'un enfant nouveau-né ? Le Code est muet sur ce point, ce qui a donné lieu à beaucoup d'hésitation. La jurisprudence semble s'être fixée en ce sens, que l'enfant est considéré comme nouveau-né pendant les trois jours qui suivent sa naissance. Il faut admettre aussi qu'un enfant *naissant* est un enfant *nouveau-né*.

Nous pensons que toute personne, et non pas seulement la mère, qui tue un enfant nonveau-né, se rend coupable d'infanticide; cela résulte clairement d'une loi du 25 juin 1824 qui déclare que la peine de mort pourra être réduite, *à l'égard de la mère*, à celle des travaux forcés à perpétuité, mais que cette réduction ne pourra avoir lieu à l'égard *d'aucun autre individu que la mère*, indiquant ainsi que, si la mère seule est excusable, l'incrimination n'est pas limitée à elle seule.

§ III. — *De l'assassinat.*

Tout meurtre commis avec préméditation on de guet-apens est qualifié *assassinat* (art. 296, C. P.). La *préméditation* est donc la circonstance caractéristique de l'assassinat ; nous allons nous attacher à la définir.

Il faut d'abord remarquer que le guet-apens se confond avec la

prémédilation dont il n'est qu'une manifestation extérieure consis-
tant, d'après l'art. 298 , C. P. , à attendre plus ou moins de temps,
dans un ou divers lieux , un individu , soit pour lui donner la mort,
soit pour exercer sur lui des actes de violence.

Ce qu'il importe donc de préciser, c'est la préméditation. Elle consiste, suivant l'art. 297, C. P., dans le dessein formé avant l'action d'attenter à la personne d'un individu déterminé, ou même
de celui qui sera trouvé ou rencontré, quand même ce dessein serait
dépendant de quelque circonstance ou de quelque condition. C'est
la préparation de l'acte conçu par la volonté. Elle suppose que la ré-
flexion a précédé le crime, et qu'il n'est pas le résultat d'un premier
mouvement ; aussi pensons-nous qu'elle ne résulte pas nécessairement de la réitération des coups portés par l'agent, car ces coups
peuvent fort bien prouver la fureur qui animait ce dernier au moment de l'acte, et non qu'il eût délibéré avant l'acte. Il faut reconnaître aussi que la préméditation ne résulterait pas nécessairement
de ce qu'un certain temps se serait écoulé entre la pensée du crime
et son exécution ; il faudrait que ce temps eût été assez long pour
que la raison pût luire au milieu des émotions de l'agent et lui faire
entrevoir la gravité de l'acte auquel il va se livrer.

Du reste, il est certain que la circonstance de la préméditation
repose sur un ensemble de faits dont l'appréciation doit être abandonnée au jury. Les considérations ci-dessus n'ont d'autre but que
d'indiquer sur quelles bases doit reposer cette appréciation.

— On a beaucoup agité la question de savoir si l'erreur dans la personne de la victime exclut la préméditation de la part de l'agent.
Mais il faut remarquer que dans la plupart des cas cette question
n'aura pas d'intérêt pratique, car si l'on décide qu'il n'y a pas préméditation, il n'y aura que meurtre à l'égard de la victime de l'erreur ; mais à l'égard de la personne que l'agent voulait atteindre, et
qui ne lui a échappé que par des circonstances indépendantes
de la volonté de celui-ci, il y aura crime manqué, il est vrai , mais
prémédité. Or , dans notre législation , le crime manqué est puni
comme le crime consommé.

— L'enchaînement naturel des idées nous amènerait à parler ici de deux sortes d'homicide, qui ne sont pas définies encore d'une manière bien nette ; nous voulons parler du *suicide* et du *duel*, et de la complicité de l'un et de l'autre ; mais, outre que la loi est entièrement muette relativement au premier de ces actes, et que la controverse semble loin d'être épuisée relativement au second, l'étude de ces questions, encore plus philosophiques que juridiques, nous entraînerait bien au-delà des limites que nous devons nous imposer.

Nous nous bornerons donc à dire qu'il y a, selon nous, dans notre législation pénale, une lacune relativement au *suicide*, tout au moins à la complicité de cet acte laquelle devrait former un délit distinct et séparé; et quant au *duel*, que si nous ne croyons pas qu'il rentre dans les termes de nos lois, malgré l'opinion contraire de légistes habiles, nous pensons du moins qu'il devrait attirer spécialement l'attention du législateur, tant sont désastreuses les conséquences auxquelles donne lieu l'impunité actuelle.

§ IV. — *Des tortures et actes de barbarie.*

L'art. 303, C. P. est ainsi conçu : « Seront punis comme coupables d'assassinat, tous malfaiteurs, quelle que soit leur dénomination qui, pour l'exécution de leur crime, emploient des tortures ou commettent des actes de barbarie. »

Il faut donc trois conditions pour former le crime spécial que le législateur a voulu atteindre par cette disposition : il faut que des tortures aient été employées ou des actes de barbarie commis ; que ces actes aient été commis par des *malfaiteurs* ; enfin, qu'ils l'aient été pour l'exécution de leurs crimes. L'appréciation de ces conditions est complètement arbitraire et abandonnée à la conscience des jurés. D'ailleurs, l'art. 303, C. P. ne suppose ni la perpétration d'un meurtre, ni la tentative de ce crime.

Cette incrimination spéciale est restée à peu près inappliquée, et, pour en comprendre le véritable sens, il faut considérer que cet article a été inséré dans le Code Pénal pour atteindre les brigands qui désolaient encore, à l'époque de sa première rédaction, plusieurs parties de la France.

§ V. — *Du meurtre accompagné d'un autre crime ou d'un délit.*

On conçoit que la concomitance du meurtre et d'un autre crime soit une circonstance aggravante, car elle révèle chez l'agent une plus grande perversité ; et on peut ainsi s'expliquer très-bien la première disposition de l'art. 304 „ C. P. qui augmente la pénalité dans ce cas. Il est plus difficile d'expliquer la seconde qui augmente encore la pénalité pour le cas où le meurtre a eu pour objet, soit de préparer, faciliter ou exécuter un délit, soit de favoriser la fuite ou d'assurer l'impunité des auteurs ou complices de ce délit ; car alors il semble que le meurtre a été commis avec préméditation, et qu'ainsi il devrait être qualifié assassinat. Le législateur a voulu séparer le cas où il y a seulement concomitance du crime et du délit, de celui où il y a entre eux relation de cause ; et il résulte de la disposition que nous examinons que, dans le premier de ces deux cas, il n'a pas voulu qu'il y eût aggravation de peine, comme cela a lieu pour le cas de concomitance d'un meurtre et d'un autre crime.

§ VI. — *Pénalité.*

Trois peines différentes sont appliquées par la loi aux crimes dont nous venons d'examiner les éléments constitutifs.

Un seul, le simple meurtre, est puni de la peine des travaux forcés à perpétuité. La peine de mort est indistinctement appliquée

à tous les autres. Mais, en ce qui concerne le parricide, le législateur a voulu entourer l'exécution d'un appareil plus terrible.
Le coupable, dit l'art. 13 du Cod. P., sera conduit sur le lieu
de l'exécution, en chemise, nu-pieds, et la tête couverte d'un
voile noir. — Il sera exposé sur l'échafaud pendant qu'un huissier
fera au peuple lecture de l'arrêt de condamnation, et il sera immédiatement exécuté à mort.

Appliquée à tous les autres genres de meurtre, la peine de mort
n'est plus aujourd'hui que la simple privation de la vie, le législateur moderne ayant supprimé les divers tourments et tout l'appareil dont les lois anciennes l'avaient entourée.

Il n'entre ni dans le cadre qui nous est tracé, ni dans notre
intention, de discuter la légitimité, au point de vue moral et social,
de cette peine dont l'utilité semble d'ailleurs suffisamment résulter
de son application universelle chez tous les peuples et dans tous
les temps.

Cette Thèse sera soutenue, dans une des salles de la Faculté,
le 6 août 1855.

Vu par le président de la Thèse,

CHAUVEAU ADOLPHE.

Toulouse, Typographie de BELLEGARRIGUE, rue des Filatiers, 40.